Cuaderno de actividades

Descubre la música

5º Primaria

Saxo

Fílar

Mónica

Dr. Gong

Pearson

Viaje al Impresionismo

1 Pintando sonidos

1. Colorea mientras escuchas la música. Responde.

a) La música te sugiere:

- ☐ Viento
- ☐ Frío
- ☐ Calor
- ☐ Lluvia
- ☐ Tormenta

b) ¿Qué elementos añadirías al cuadro?

- ☐ Hojas caídas
- ☐ Sol
- ☐ ______
- ☐ Nubes
- ☐ ______
- ☐ ______

c) El título que has inventado para este cuadro es:

______

2. Marca con una x la opción correcta.

a) ¿En qué época aparece el Impresionismo?

- ☐ Finales del siglo XVIII y comienzos del siglo XIX.
- ☐ Finales del siglo XIX y comienzos del siglo XX.
- ☐ Finales del siglo XX y comienzos del siglo XXI.

b) ¿En qué ciudad se originó el Impresionismo?

- ☐ París.
- ☐ Viena.
- ☐ Londres.

3. Indica las principales características del Impresionismo.

a) ______________________________

b) ______________________________

c) ______________________________

4. Escucha y rodea el instrumento que no haya sonado. Relaciona cada instrumento con su familia correspondiente.

Percusión de tecla

Viento – madera

Cuerda pulsada

Viento – metal

Percusión de membrana

5. Completa.

ta ti - ti ti - ri - ti - ri

ti - ti ta ti - ri - ti - ri ta ti - tiri ti - ti ti - tiri ta ta ti - ti tiri - ti ta ti - ti ti - ti ta ta

6. Numera en el orden en el que suenan.

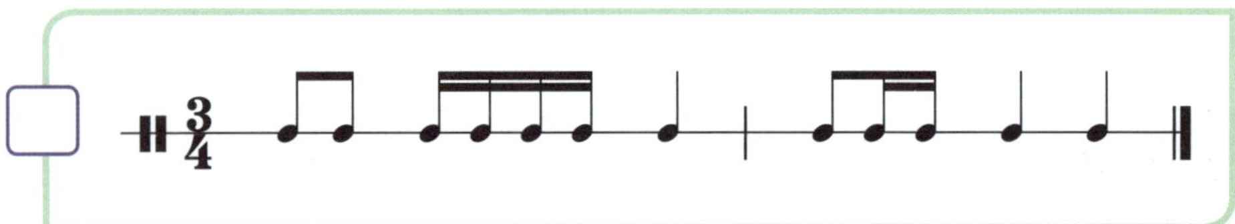

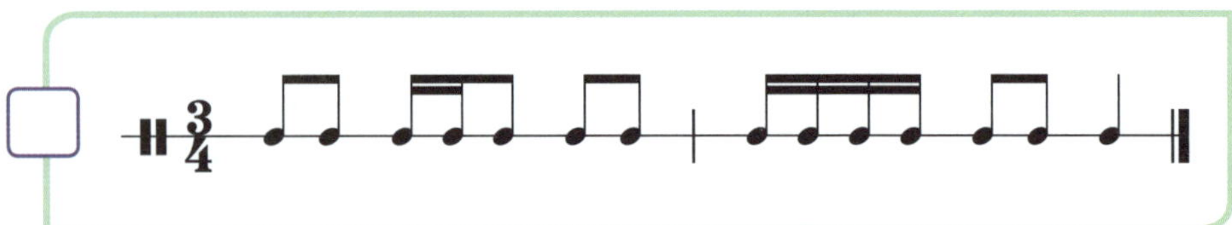

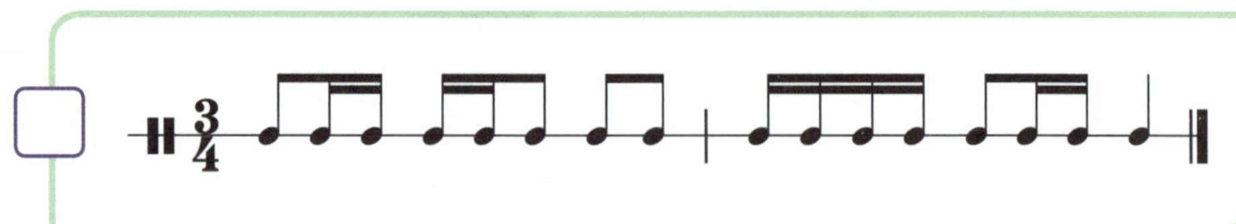

7. **Busca estos músicos en la sopa de letras.**

VANGELIS

O	N	S	E	M	O	R	P	A	M	E	R
A	L	E	I	M	L	A	E	R	J	B	U
P	E	D	A	L	F	E	R	L	A	C	J
E	N	Y	F	P	E	N	T	Y	R	I	A
N	V	A	N	I	N	G	E	L	T	R	S
O	A	I	E	N	E	U	N	Y	O	L	N
A	G	L	N	Y	N	L	S	A	N	T	E
L	E	C	Y	A	Y	O	D	L	V	E	T
O	T	O	L	F	A	F	J	R	E	S	R
E	N	R	A	J	E	R	M	E	R	T	E
Z	U	I	W	S	T	I	P	E	N	Y	M
A	X	T	V	A	N	H	E	T	L	I	S

ENYA

OLDFIELD

8. **Investiga y contesta.**

- ¿Cuál es la obra más conocida de Enya? __________
- ¿En qué año dio su primer concierto Vangelis? __________
- ¿Cuántos discos ha vendido Mike Oldfield? __________
- ¿Quién es Jean Michel Jarre? __________

  ¿Ha compuesto para anuncios de publicidad? ¿Cuáles? __________

Música para soñar

1. Relaciona cada compositor con su obra musical correspondiente.

Paul Dukas

Manuel de Falla

El carnaval de los animales

El aprendiz de brujo

Preludio a la siesta de un fauno

El amor brujo

Camille Saint-Saëns

Claude Debussy

4

2. Numera las distintas obras de Debussy en el orden en el que suenan.

Claro de luna

El mar

Preludio a la siesta de un fauno

El negrito

3. Escucha y numera en el orden en el que suenan y une su título.

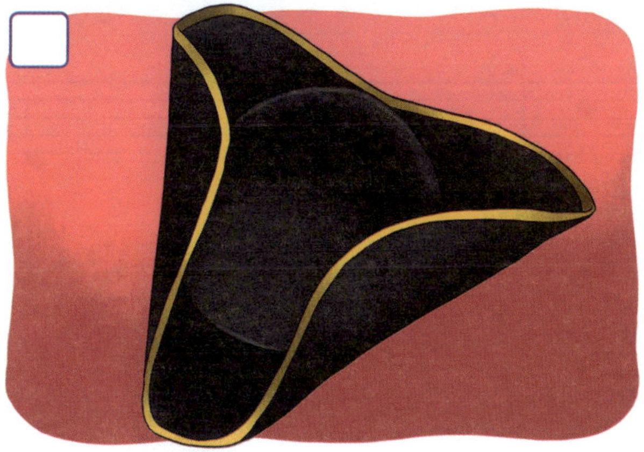

La vida breve

El amor brujo

El sombrero de tres picos

4. Investiga y responde sobre Manuel de Falla.

a) Obras musicales: __________

b) Época musical: __________

c) Año y lugar de nacimiento y fallecimiento: __________

d) Otros compositores de su época: __________

5. Completa la escala pentatónica de Do y escribe el nombre de cada sonido.

¿Qué otras dos notas musicales no están en esta escala? ______ y ______

6. Numera en el orden en el que suenan.

☐ 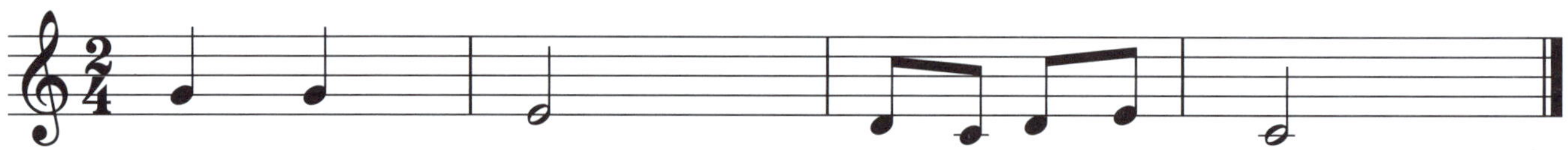

☐ 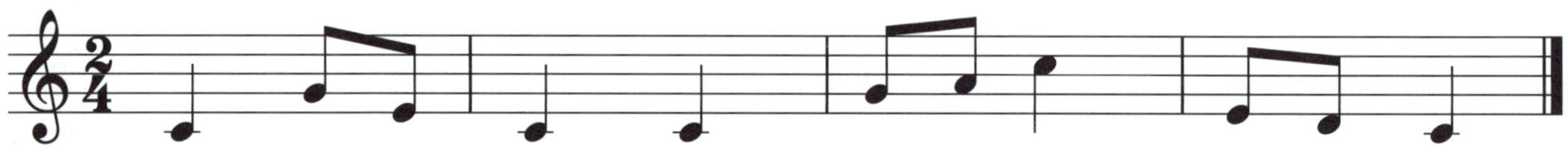

☐ 

7. **Colorea los agujeros que tapas para tocar estas notas.**

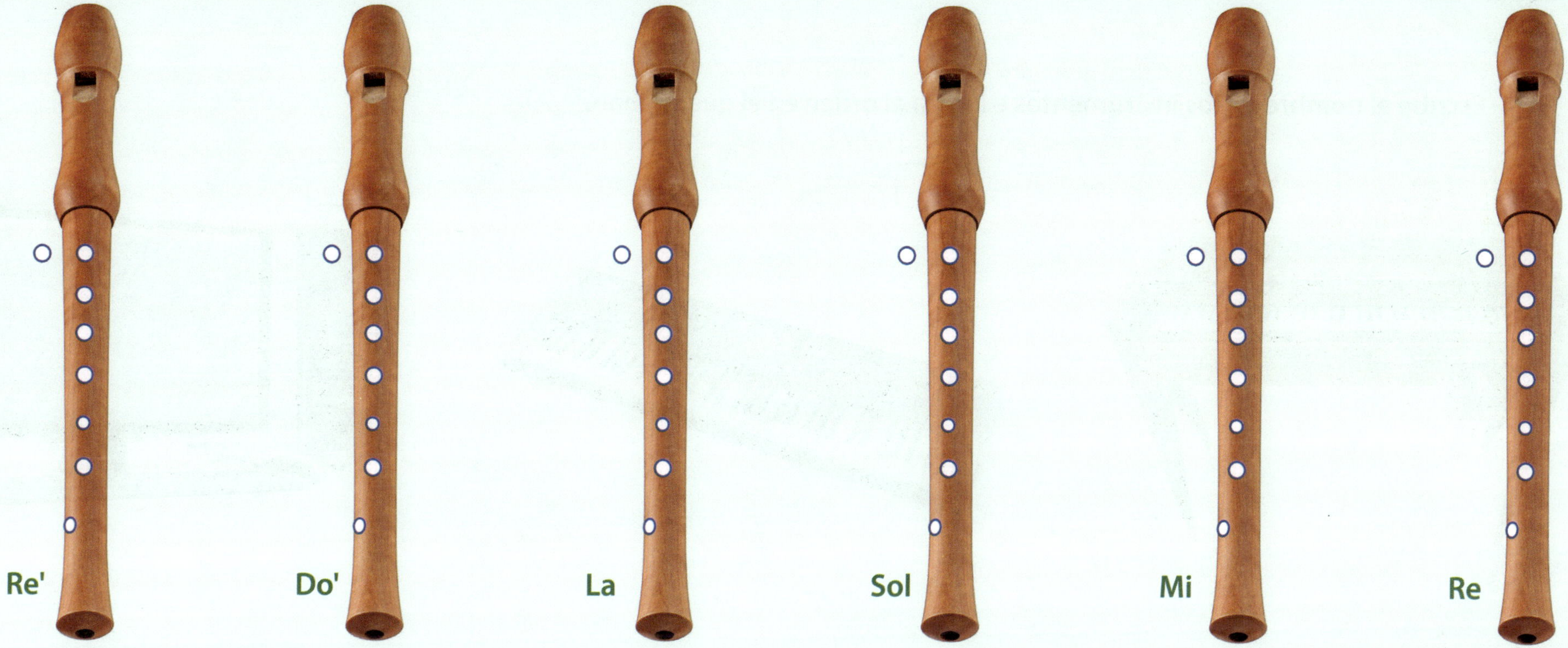

8. **Resuelve el jeroglífico.**

¿Quién enseñó a Manuel de Falla a tocar el piano?

____

¡Qué novedad!

1. Escribe el nombre de los instrumentos e indica el orden en el que suenan.

☐ 

____

☐ 

____

☐ 

____

2. Completa la ficha de este instrumento:

a) ¿Cómo se llama? ______________________

b) ¿Para qué sirve? ______________________

____

c) ¿Cómo se utiliza? ______________________

____

d) Indica otros medios que realizan la misma función.

____

____

____

8

3. Escucha y marca con una x los objetos que se utilizan en estas obras musicales.

4. Dibuja un objeto del aula con el que puedas hacer música. Inventa dos ritmos para él y escríbelos.

5. Resuelve los siguientes ejercicios.

a) Calcula el intervalo entre las siguientes notas.

_______ _______ _______ _______ _______ _______

b) Escribe la nota que falta en el intervalo.

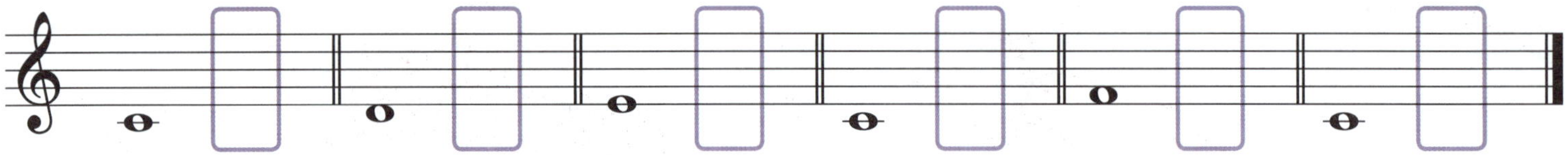

2ª 6ª 4ª 7ª 5ª 3ª

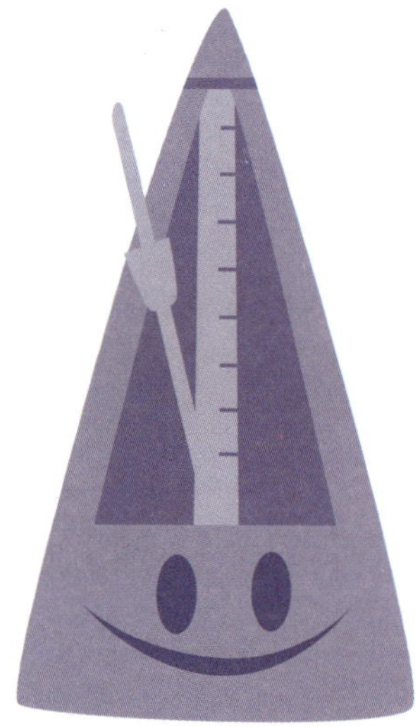

6. Indica si el intervalo es ascendente o descendente.

3ª _______ 5ª _______ 6ª _______ 4ª _______ 2ª _______ 8ª _______

7. Inventa una partitura con símbolos e interprétala con la voz.

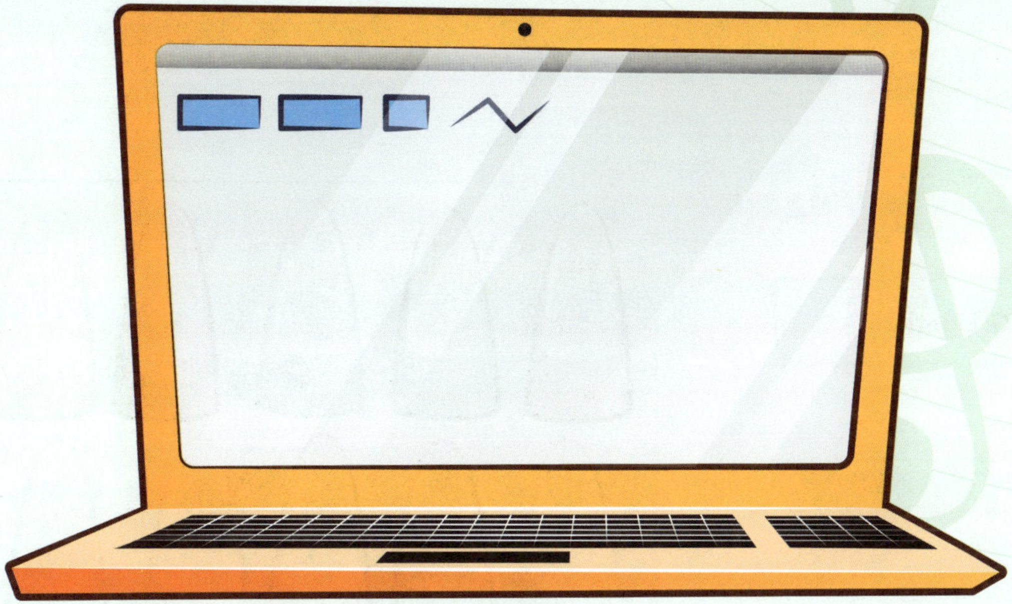

8. Ayuda a Mónica a encontrar estas palabras.

S	O	N	I	D	O	R	P	A	M	E	O	L	I	N	B
R	L	E	I	S	L	H	E	R	J	B	R	E	Z	O	N
A	W	D	A	L	L	E	R	L	A	C	D	A	T	I	E
M	U	Y	F	A	X	N	T	Y	R	I	E	M	C	A	W
P	E	L	E	O	Z	G	E	A	T	R	N	O	R	F	O
O	A	I	L	N	E	U	N	T	O	T	A	N	Y	A	S
A	G	L	E	Y	N	L	S	O	N	T	D	I	Q	U	E
L	E	T	C	A	Y	O	D	N	V	E	O	L	A	O	M
S	I	N	T	E	T	I	Z	A	D	O	R	P	E	G	O
E	R	U	R	J	E	R	M	L	R	T	E	V	S	K	E
Z	U	I	O	S	T	I	P	E	N	Y	S	S	B	A	V
A	M	I	N	I	M	A	L	I	S	M	O	S	O	N	U
C	A	S	I	H	E	P	Y	O	L	V	N	C	V	Q	I
E	R	U	C	V	A	C	I	L	A	H	I	R	R	I	O
T	O	N	A	L	C	I	D	A	D	U	D	X	I	U	Ñ
A	S	E	N	W	U	E	L	A	F	R	O	N	D	A	S

Exploradores de sonidos

1. Relaciona uniendo con flechas.

G. Ligeti

J. Cage

2. Completa la ficha sobre Stravinski.

a) Año y lugar de nacimiento.

____

b) Año y lugar de fallecimiento.

____

c) ¿A qué estilo del siglo xx podemos asociarlo?

____

d) Cita alguna de sus obras más famosas.

____

____

e) Busca alguna anécdota o curiosidad.

____

____

f) Pega una foto del compositor o dibújalo.

3. Repite la melodía donde indican las flechas para ser un compositor minimalista.

4. Escucha y numera los géneros según el orden en que han sonado.

Minimalismo

Electrónica

Post-romántica

Experimental

5. Indica cuántos pulsos duran los siguientes sonidos.

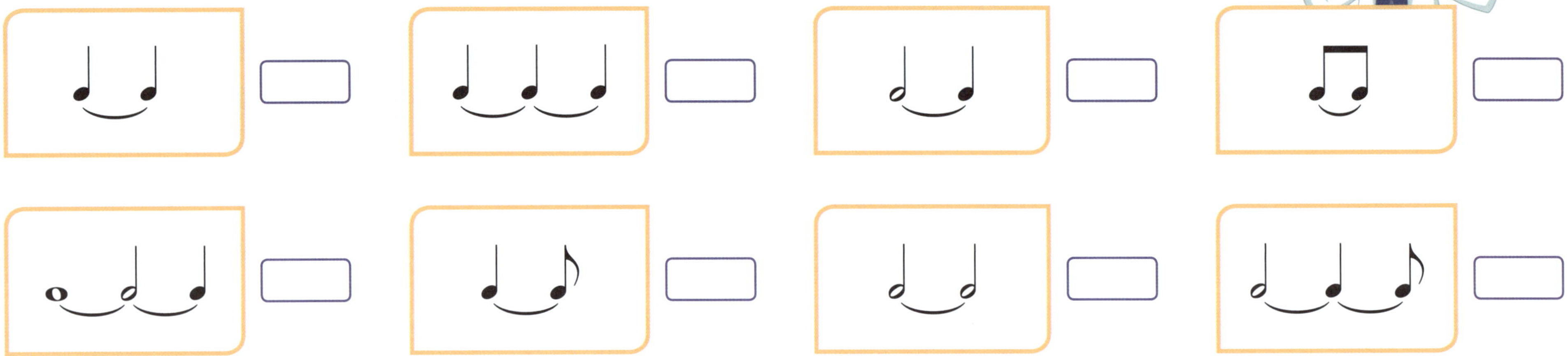

6. Une los fragmentos equivalentes.

7. Completa la noticia del Dr. Gong sobre el estreno de *Un americano en París*.

Cuaderno de notas:

- Suena el claxon de los coches en medio de la obra.
- Está compuesta por George Gershwin.
- Se estrenó en diciembre de 1928 en Nueva York.

noticias.gong

El estreno de la obra ______________________ del compositor ______________________ ha tenido una gran acogida. La sala de conciertos Carnegie Hall, en ______________________, ha disfrutado de una orquesta capaz de recrear la ciudad de ______________ con una ingeniosa idea: utilizar el ______________ de los coches. ¡Una obra que pasará a la historia!

8. La pianista necesita la partitura para seguir la melodía. ¡Ayúdala a encontrarla!

Ritmo en las calles

1. **Relaciona.**

Big Band | Cuarteto | Grupo con cantante | Solo de *jazz*

2. **Indica el nombre de cada instrumento.**

Trompeta	Contrabajo
Guitarra	Voz
Saxofón	Piano
Batería	Trombón

3. Investiga e indica con números las partes de la batería.

1 Timbal	5 Timbal Base
2 Timbal	6 Caja
3 Bombo	7 Plato Crash
4 Plato Ride	8 Hi-Hat

4. Numera estos ritmos en el orden en el que suenan.

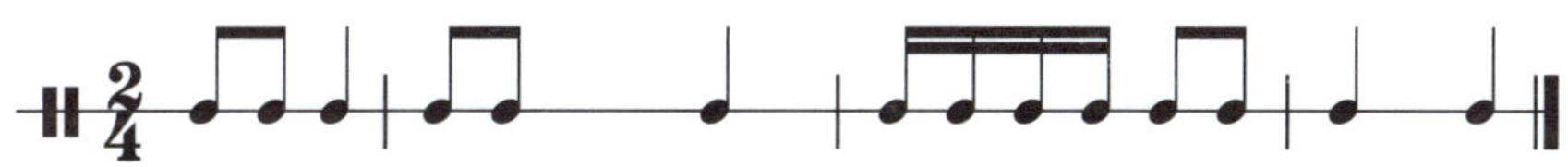

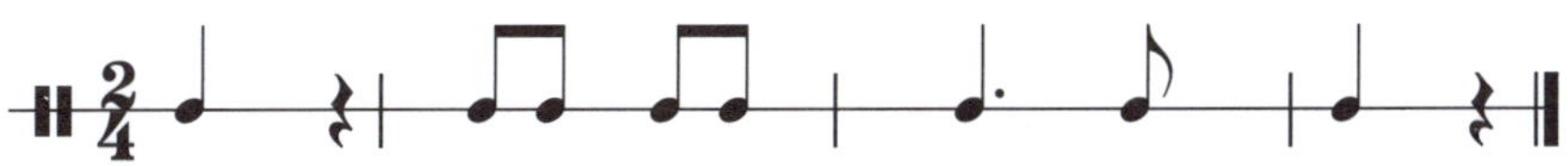

5. **Completa con F, SF y D.**

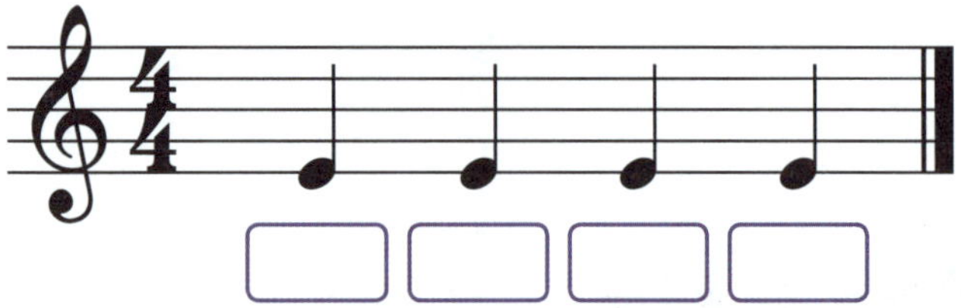

¿En qué pulso se encuentra el acento? ________

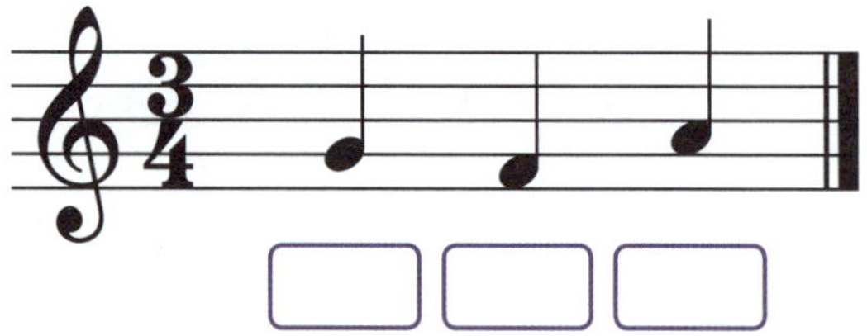

¿En qué pulso se encuentra el acento? ________

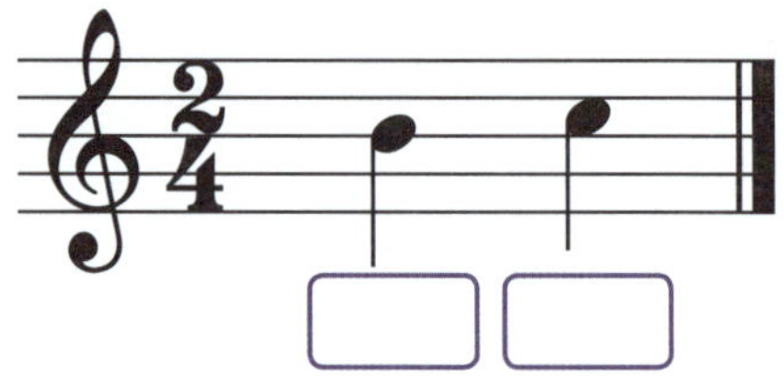

¿En qué pulso se encuentra el acento? ________

6. **Completa este esquema con símbolos de percusión corporal. Después interprétalo.**

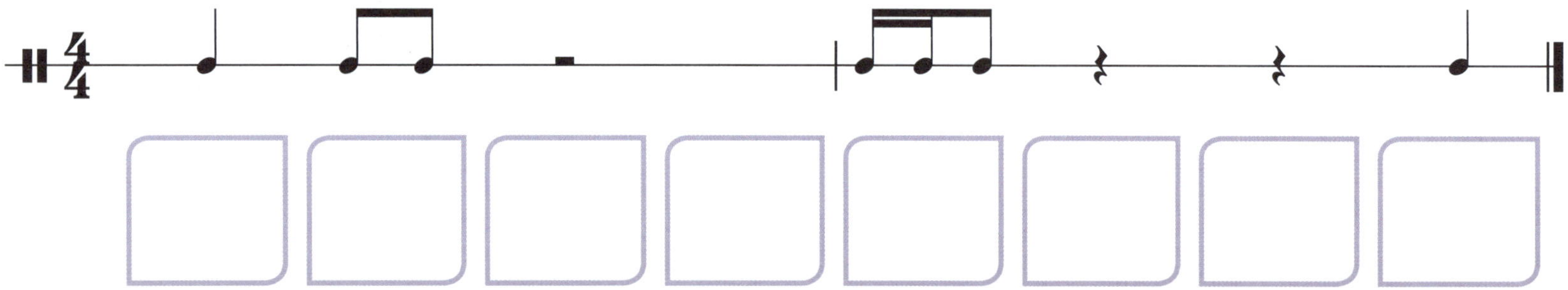

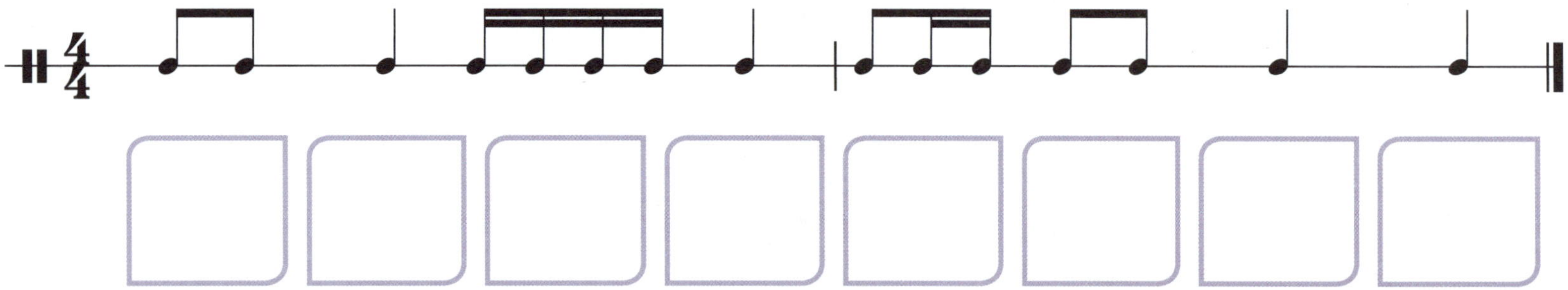

7. Inventa un ritmo para participar en una *Jam Session*.

8. Encuentra las 7 diferencias entre estos clubes de *jazz*.

¡A improvisar!

1. Ordena las siguientes escenas.

☐ 
☐ 
☐ 
☐ 
☐ 

2. Completa las fichas de Louis Armstrong y B. B. King.

L. Armstrong

Estilo: ______________________

Instrumento musical: ______________________

Cantante: sí ☐ no ☐

Título de dos de sus canciones:

____

____

B. B. King

Estilo: ______________________

Instrumento musical: ______________________

Cantante: sí ☐ no ☐

Título de dos de sus canciones:

____

____

11 3. Numera los instrumentos en el orden en el que suenan.

4. Ordena los fragmentos de esta partitura de *jazz*.

5. Resuelve.

a) Indica las partes fuertes y débiles de los siguientes compases.

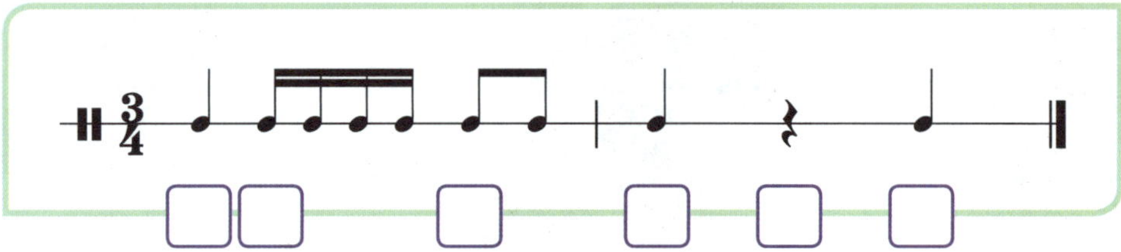

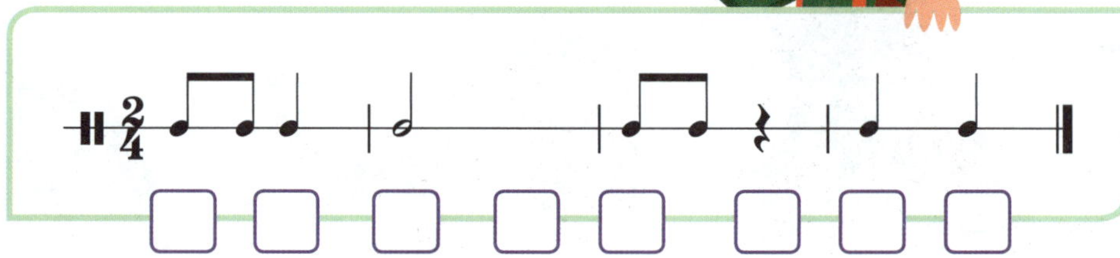

b) Rodea los contratiempos que encuentres.

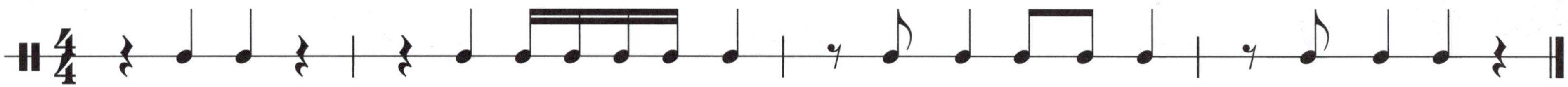

6. Escucha y marca con una x el ritmo que suene.

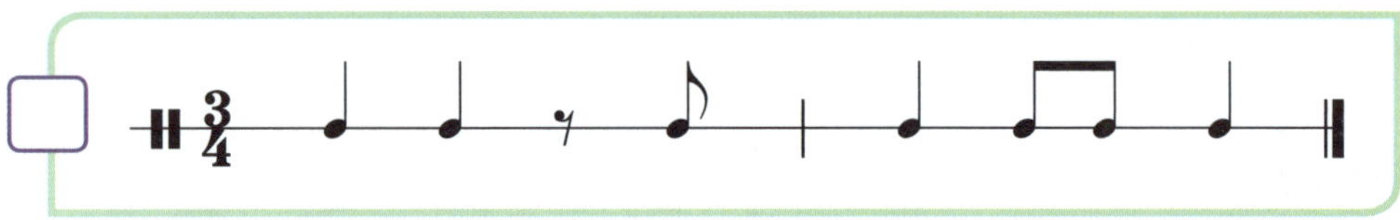

7. Busca a estos músicos en la sopa de letras. Investiga los que no conozcas.

ARMSTRONG

HOLIDAY

FITZGERALD

GILLESPIE

ELLINGTON

PARKER

DAVIS

F	I	T	Z	G	E	R	A	L	D	I	A
O	G	A	F	I	T	E	Z	I	L	O	H
G	E	I	U	H	E	R	E	K	R	A	P
I	N	L	L	O	L	J	I	H	C	L	G
L	A	U	L	L	I	A	S	A	O	V	N
L	R	D	R	I	E	Z	A	R	L	A	O
S	T	A	M	D	N	S	B	M	T	U	R
I	L	V	S	A	M	G	P	S	R	G	T
S	O	R	T	Y	U	I	T	I	M	H	S
M	C	E	J	A	G	Z	Q	O	E	A	M
E	L	K	R	A	P	E	L	M	N	N	R
B	B	K	I	N	G	L	B	A	S	S	A

VAUGHAN

COLTRANE

B. B. KING

Nuestro proyecto

1. **Marca la época de la pieza musical que has elegido.**

Impresionismo

Siglo XX

Blues y *jazz*

2. **El título de la pieza musical es:** ______________________

3. **¿Qué instrumento has tocado?** ______________________

- **Pertenece a la familia de:**

  ☐ Percusión de madera ☐ Percusión de metal ☐ Percusión de parche ☐ Percusión de láminas ☐ Viento

- **¿Cómo lo has tocado?**

  – Lo sujeto con: ☐ una mano ☐ dos manos ☐ no lo sujeto

  – Lo golpeo con: ☐ baqueta ☐ mano ☐ otro elemento

  – En posición: ☐ de pie ☐ sentado ☐ de rodillas

- **¿Lo has elegido tú?** ☐ Sí ☐ No

- **¿Qué otros instrumentos habéis tocado en la pieza?**

  ____

- **¿Te ha gustado tocar este instrumento?** ☐  ☐  ☐ 

UNIDAD 1

El reto

13 El Dr. Gong se ha quedado maravillado observando la luna en la noche parisina. Quiere pintar un cuadro para no olvidar nunca ese momento. Colabora con él para crear una obra de arte.

- El Dr. Gong está pensando en las cosas que le llaman la atención de la obra *Un americano en París*. Redactad estas ideas en su cuaderno de notas para que pueda utilizarlas en su colaboración en el periódico.

El Dr. Gong quiere abrir un club de *jazz* donde los músicos puedan improvisar y tocar mientras el público disfruta de la música en directo. Trabaja con él en los últimos detalles!

a) Elige un nombre para el local.

b) Indica el nombre de todos los instrumentos que hay sobre el escenario.

c) El local ha de tener un instrumento que no se puede llevar y traer fácilmente. Siempre tendrá que estar allí. ¿Cuál es?

d) El repertorio es importante. El Dr. Gong quiere que cada concierto empiece y termine siempre con el mismo tema. Elígelos:

- Tema inicial:
- Tema final:

Evaluación final

1. **Relaciona cada instrumento con el periodo en el que se utiliza de modo más habitual.**

Impresionismo

Siglo XX

Blues y jazz

2. **Indica si son verdaderas (V) o falsas (F) las siguientes afirmaciones:**

- ☐ El representante más importante del Impresionismo fue Schönberg.
- ☐ Los instrumentos electrónicos no fueron utilizados en la música del siglo XX.
- ☐ La cuna del *jazz* se encuentra en la ciudad de Nueva Orleans.
- ☐ El grupo Pet Shop Boys pertenece al género electrónico.

3. **Rodea los signos de prolongación según el color.**

Ligadura Puntillo Calderón

4. **Rodea los músicos de *blues* o *jazz*.**

S. Vaughan

C. Saint-Sëns

B. B. King

P. Dukas

E. Fitzgerald

I. Stravinski

Ribera del Loira, 16-18, 28042 Madrid

ISBN: 978-84-205-6630-6

Depósito legal: M-30129-2017.
Impreso en España

MAQUETACIÓN
Españoleto EG

ILUSTRACIÓN
Tatio Viana
Javier Lacasta Llácer
Luis Doyague
José Luis Rúfes Zazo
Álvaro Núñez
Natalia Rey (Pirusca)
Marc Monés

AGRADECIMIENTOS

Los autores y la editorial desean expresar su más sincero agradecimiento a las siguientes personas y entidades por su permiso para reproducir material protegido por derechos de autor.

Fotografías (Leyenda: b-bajo; c-centro; i-izquierda; d-derecha; a-arriba)

Alamy Stock Photo: Eurokinissi 5a, James Cheadle 5b, Dpa picture alliance 5a, AF archive 22i, Richard Ellis 22d;
Getty: Jun Sato/WireImage 3c, 31d; Lebrecht: CreditChris Stock 10i, 31a, Chris Christodoulou 18c, Marc PoKempner 18c;
Shutterstock: Scanrail1 10c, PhotoHouse 18i, Juliet Kaye 18d, MIGUEL GARCÍA SAAVEDRA 9,
123RF: Viktor Gmyria 10b, 31c, Believeinme33 10d;

Todas las demás imágenes © Pearson Education